PAPÁ QUIERO ESCUCHAR TU HISTORIA

Publicado por Midsummer Bloom Books
1621 Central Ave, Cheyenne, WY 82001, EE. UU.

Primera edición: junio de 2025
Impreso en los Estados Unidos de América

Índice

Tu Historia Comienza Aquí

¿Recuerdas esos momentos, papá? Tal vez fue en el garaje mientras arreglabas algo, o durante esas compras de fin de semana cuando mencionabas casualmente tu primer trabajo, tu antiguo vecindario o alguna loca aventura de tu juventud. Quizás fue durante un largo viaje en coche, viendo un partido, o en esas noches tranquilas cuando todos los demás ya estaban dormidos. Siempre que surgían estas historias, queríamos escuchar más.

De eso se trata este libro. Porque detrás de ser "papá" – el que nos enseñó todo, desde atarnos los cordones hasta valiosas lecciones de vida, el que trabajó duro para que nuestro mundo siguiera girando – hay toda una vida que viviste y que solo conocemos en fragmentos. No solo los capítulos donde nosotros fuimos protagonistas, sino lo real: cómo fue crecer en tu época, los amigos que marcaron tu camino, o lo que realmente pensaste cuando te diste cuenta de que ibas a ser padre.

Cada página aquí es solo el comienzo. Un suave empujón para recordar al niño que fuiste, al adolescente con grandes sueños, al joven que buscaba su camino cuando nada era seguro. Estos no son solo tus recuerdos: son las raíces de nuestro árbol familiar.

Tómate tu tiempo con estas páginas. Tal vez las historias vengan a tu mente durante tu rutina diaria o en esos momentos de calma cuando tienes tiempo para reflexionar. No hay prisa, no hay presión: solo un espacio para que tus recuerdos tomen forma.

Mira, papá, cuando compartes tus historias, incluso las complicadas, con sus altibajos, nos estás dando algo invaluable. Nos ayudan a entender no solo quién eres, sino también partes de quiénes somos nosotros.

Así que encuentra un lugar cómodo, donde sea que eso esté. Tal vez toma ese bocadillo que crees que nadie sabe que guardas, acomódate y deja que los recuerdos fluyan.

Tus historias importan, papá. Y hemos estado esperando para escucharlas todas.

Cómo Usar Este Libro

Esta es tu historia: no hay un cronograma a seguir, ni reglas que obedecer. Elige cualquier pregunta que despierte un recuerdo y comienza a escribir. Salta de una a otra, vuelve más tarde, o detente en los momentos que más significan para ti.

Recuerda, estas preguntas son solo puertas a tus recuerdos. Tus respuestas podrían llevarte por caminos inesperados, y eso está perfectamente bien. Este libro no se trata de escribir perfectamente, sino de capturar tu viaje único con tu propia voz.

Más Allá de los Hombros que Nos Alzaron

Más allá de las manos que nos enseñaron a volar,

Detrás de las risas y las lecciones que das,

Hay un viaje de un niño que se atrevió a soñar.

Antes de convertirte en nuestra guía y luz,

Perseguías sueños, tomabas impulso.

Así que cuéntanos, papá, de esos días pasados,

De los caminos que elegiste y las semillas
sembradas.

1

Niño Salvaje

Papá, ¡cuéntanos sobre el niño que fuiste! Queremos escuchar sobre tus aventuras de infancia, los juegos que jugabas y las travesuras que hacías antes de convertirte en nuestro papá.

Hogar de la Infancia

Cada hogar guarda innumerables recuerdos entre sus paredes. ¿Qué tenía de especial el primer lugar donde viviste? Piensa en las vistas, los sonidos y las sensaciones que hacían de tu casa de la infancia un verdadero hogar.

1. ¿Cuál es el recuerdo más vívido que te invade cuando piensas en tu primer hogar?

2. Cuéntame sobre tu rincón favorito en esa casa, ¿qué lo hacía tan especial para ti?

3. Si pudieras caminar una vez más por tu vecindario de la infancia, ¿qué vistas, sonidos y olores notarías?

Retrato Familiar

Cada miembro de la familia crea una parte única de nuestra historia temprana. ¿Quiénes fueron las personas importantes que moldearon tu infancia? Piensa en las personalidades, tradiciones y relaciones que formaron tu primera idea de lo que significa familia.

1. ¿Qué rutinas matutinas de tu hogar de la infancia se quedaron grabadas en tu memoria?

2. ¿Quién era el narrador de cuentos, el pacificador, o el travieso en tu familia?

3. ¿Cómo demostraban tus padres su amor de formas únicas?

Pequeño Explorador

Los niños ven el mundo como un lugar lleno de maravillas y posibilidades. ¿A dónde te llevó tu curiosidad cuando eras niño? Reflexiona sobre los lugares que exploraste y los descubrimientos que encendieron tu imaginación.

1. ¿Qué lugares misteriosos capturaron tu imaginación cuando eras un joven explorador?

2. Cuéntame sobre tu mayor descubrimiento de la infancia, ¿qué lo hizo tan mágico?

3. ¿Quiénes fueron tus compañeros de aventuras, y qué los hacía perfectos para el papel?

Mejores Amigos

Las primeras amistades ayudan a moldear quiénes somos. ¿Quiénes fueron tus compañeros más cercanos mientras crecías? Piensa en los lazos especiales, las experiencias compartidas y las lecciones aprendidas a través de estas relaciones tan importantes.

1. ¿Cómo conociste a tu primer mejor amigo, y qué los unió?

2. ¿Qué locas aventuras o planes divertidos idearon juntos?

3. ¿Tú y tus amigos tenían códigos secretos, reglas o tradiciones especiales?

Días de Escuela

Las aulas y los patios de recreo fueron el escenario de muchas experiencias de la infancia. ¿Qué momentos de tus días escolares se destacan en tu memoria? Considera a los maestros, las lecciones y las vivencias que influyeron en tu educación temprana.

1. ¿Qué momento de tu primer día de clases quedó grabado para siempre en tu memoria?

2. ¿Qué maestro vio algo especial en ti, y cómo te lo demostró?

3. Cuéntame sobre una experiencia en el aula que cambió tu forma de ver el mundo.

Travieso

Las travesuras y los errores de la infancia suelen dejar grandes lec-
ciones de vida. ¿Qué aventuras tuvieron consecuencias inesperadas?
Recuerda las veces en que tu curiosidad o espíritu atrevido te metier-
on en algún lío.

1. ¿Cuál fue tu travesura más legendaria que aún te hace sonreír?

2. ¿Cómo enfrentaste las consecuencias cuando tu plan ingenioso
salió mal?

3. ¿Hubo alguna broma que hiciste que te enseñó una gran lección
sobre lo que está bien y lo que está mal?

Diversión de Fin de Semana

Los momentos especiales fuera de la rutina escolar crean recuerdos familiares duraderos. ¿Cómo pasabas los fines de semana cuando eras niño? Piensa en las tradiciones familiares, las salidas especiales o los placeres simples que hacían de esos días algo significativo.

1. ¿Qué tradición de fin de semana de tu infancia te encantaría revivir solo una vez más?

2. ¿Cómo hacía tu familia para que incluso las actividades simples de los fines de semana se sintieran especiales?

3. ¿Tuviste alguna vez aventuras secretas de fin de semana que tus padres no supieron?

Deportes y Juegos

Los juegos y los deportes enseñan importantes habilidades para la vida, además de ser divertidos. ¿Qué actividades captaron tu interés mientras crecías? Reflexiona sobre los desafíos físicos, el trabajo en equipo y el espíritu competitivo que moldearon tus experiencias recreativas.

1. ¿Cuál era tu movimiento característico en tu juego o deporte favorito de la infancia?

2. ¿Te enseñó una victoria o una derrota alguna lección importante?

3. ¿Qué juego del patio te hacía sentir como un superhéroe, y por qué?

Historias de Héroes

Todos admiramos a alguien durante nuestros años de formación. ¿Quién te inspiró cuando eras niño? Piensa en las personas, reales o ficticias, que capturaron tu imaginación y moldearon tus primeros sueños y valores.

1. ¿Quién fue tu primer héroe de la vida real, y qué lo hacía extraordinario a tus ojos?

2. ¿Qué sueño de infancia capturó tu imaginación, y por qué?

3. ¿Hubo algún acto heroico que presenciaste de niño y que dejó una impresión duradera en ti?

Retos de la Infancia

Los momentos difíciles ayudan a definir quiénes somos. ¿Qué obstáculos enfrentaste mientras crecías? Reflexiona sobre las luchas que te pusieron a prueba y las formas en que encontraste fortaleza en esos primeros años.

1. ¿Qué desafío de la infancia puso a prueba tu valentía de manera inesperada?

2. ¿Qué miedo de la infancia superaste, y cómo lo lograste?

3. ¿Quién te ayudó en los momentos más difíciles de tu infancia, y cómo lo hizo?

Pequeñas Alegrías

Las pequeñas alegrías de la infancia a menudo crean nuestros recuerdos más duraderos. ¿Qué placeres cotidianos te hacían feliz cuando eras niño? Piensa en los juguetes, actividades o golosinas especiales que convertían días ordinarios en algo mágico.

1. ¿Qué posesión especial significaba el mundo para ti, y por qué era tan importante?

2. ¿Qué libro o cuento infantil moldeó más tu imaginación?

3. Cuéntame sobre un juguete que se convirtió en algo más que un simple juguete para ti.

2

Historias de Adolescencia

Papá, ¿cómo era la vida cuando tenías nuestra edad? Nos da curiosidad saber sobre tus amigos, tus desafíos y todas esas historias de tus años de adolescente que te ayudaron a ser quien eres hoy.

Crecer Duele

El camino de niño a adolescente trae emoción e incertidumbre. ¿Cómo enfrentaste esos años de transformación? Piensa en los momentos en los que comenzaste a descubrir tu identidad cambiante.

1. ¿Cuándo empezaste a sentir que ya no eras un niño?

2. ¿Cómo manejaste la transición hacia la adolescencia?

3. ¿Cuál fue tu momento más vergonzoso que ahora te hace reír?

Secundaria

La escuela se convierte en un mundo diferente durante la adolescencia. ¿Cómo fue tu vida en la secundaria? Recuerda las clases, rutinas y experiencias que marcaron tu camino educativo.

1. ¿Cómo te adaptaste a los cambios en la secundaria?

2. ¿Cómo organizabas tu tiempo para cumplir con todas tus clases?

3. ¿Qué maestros dejaron la impresión más fuerte en ti?

Círculo de Amigos

Las personas con las que conectamos en la adolescencia suelen influir en quiénes nos convertimos. ¿Quiénes fueron tus amigos importantes durante esos años? Piensa en las relaciones que te hicieron sentir apoyo, risas y pertenencia.

1. ¿Qué actividades te acercaron más a tu grupo de amigos?

2. ¿Cuándo conociste a tus amigos más cercanos de la adolescencia?

3. ¿Cuáles eran los lugares de reunión habituales para ustedes?

Historias de Enamoramientos

Los primeros enamoramientos y relaciones nos enseñan sobre no-sotros mismos y los demás. ¿Cuáles fueron tus experiencias con el romance adolescente? Piensa en esas primeras sensaciones de atrac-ción y las lecciones aprendidas.

1. ¿Qué te hizo decidir invitar a alguien a salir por primera vez?

2. ¿Cómo manejaste tus primeras experiencias de citas?

3. ¿Qué recuerdas de tu primera cita «de verdad»?

Espíritu de Equipo

Los clubes, deportes y actividades extracurriculares son salidas importantes durante la adolescencia. ¿Qué actividades captaron tu pasión? Reflexiona sobre los equipos, grupos o hobbies que te dieron propósito y pertenencia.

1. ¿Qué te motivó a unirte a ciertos equipos o clubes?

2. ¿Cómo equilibrabas las actividades con las tareas escolares?

3. ¿Qué competencias se destacan en tu memoria?

Grandes Sueños

La adolescencia está llena de pensamientos sobre lo que viene después. ¿Qué sueños y metas tenías para tu futuro? Considera las carreras, logros o estilos de vida que imaginaste para ti durante esos años.

1. ¿Cómo comenzaste a planear la vida después de graduarte?

2. ¿Hubo algún sueño o ambición que guardaste solo para ti como adolescente?

3. ¿Qué adultos ayudaron a moldear tus planes para el futuro?

Escena de Fiestas

Las noches de fin de semana estaban llenas de promesas emocionantes: cada fiesta, reunión y aventura escribía su capítulo en la leyenda adolescente. Eran momentos en los que el tiempo se detenía y todo parecía posible.

1. ¿Qué actividades llenaban tu agenda social de fin de semana?

2. ¿Cómo convencías a tus padres para extender tu hora de llegada?

3. ¿Qué eventos sociales se volvieron legendarios entre tus amigos?

Libertad de Verano

Las vacaciones de verano eran páginas en blanco esperando ser llenadas con aventuras. Cada amanecer prometía libertad, cada atardecer guardaba una historia. Eran días en los que el tiempo parecía infinito.

1. ¿Qué responsabilidades vinieron con tu primer trabajo de verano?

2. ¿En qué gastaste tus ganancias del trabajo de verano?

3. ¿Qué experiencias de verano te dejaron lecciones valiosas?

Lecciones de Vida

Entre las risas y las lágrimas, los triunfos y los errores, los años de adolescencia forjan sabiduría en el fuego de la experiencia. Cada tropiezo y cada victoria dejaron lecciones grabadas en el corazón.

1. ¿Qué errores te enseñaron las lecciones más importantes?

2. ¿Cómo enfrentaste tus primeros grandes fracasos?

3. ¿Cuándo comenzaste a tomar decisiones más independientes?

3

Encontrando Tu Camino

Papá, ¿cómo descubriste tu lugar en el mundo? Nos encantaría escuchar sobre tus primeras experiencias de libertad y cómo navegaste esos emocionantes primeros años de adultez.

Independizarse

Dar ese primer paso lejos del hogar familiar marca una transición importante en la vida. ¿Cómo fue cuando viviste por primera vez por tu cuenta? Piensa en los desafíos y los momentos sorprendentes de esta nueva independencia.

1. ¿Qué preparativos hiciste antes de independizarte?

2. ¿Cómo manejaste esas primeras semanas de completa independencia?

3. ¿Qué cosas importantes olvidaste llevar contigo cuando te mudaste por primera vez?

Cuestiones de Dinero

Manejar el dinero se convierte en una habilidad crucial al comenzar la vida independiente. ¿Cómo enfrentaste tus primeras experiencias financieras? Reflexiona sobre tus primeros intentos de presupuestar, ahorrar y tomar decisiones económicas.

1. ¿Cómo aprendiste a manejar tus gastos mensuales?

2. ¿Cuándo hiciste tu primera compra importante?

3. ¿Qué estrategias de presupuesto te funcionaron mejor en esos primeros años?

Mi Propio Espacio

El primer apartamento o casa representa tanto libertad como responsabilidad. ¿Cómo fue tu primera experiencia viviendo solo? Reflexiona sobre el espacio que creaste, los desafíos de mantener tu propio lugar y las personas con las que lo compartiste.

1. ¿Qué desafíos inesperados surgieron al gestionar tu propio lugar?

2. ¿Cómo manejaste los conflictos con compañeros de casa o vecinos?

3. ¿Qué reglas del hogar resultaron ser las más importantes?

Explorador en Solitario

Explorar el mundo a tu manera ofrece descubrimientos únicos. ¿A dónde te llevaron tus aventuras en solitario? Piensa en los lugares que visitaste, los desafíos que superaste y lo que aprendiste al viajar de manera independiente.

1. ¿Qué te inspiró a realizar tu primer viaje independiente?

2. ¿Cómo te preparaste para tu primera experiencia viajando solo?

3. ¿Qué percances de viaje se convirtieron después en historias divertidas o memorables?

Construyendo Amistades

Los nuevos entornos ofrecen oportunidades para conectar con personas diferentes. ¿Cómo creaste tu círculo social como adulto? Piensa en las relaciones significativas que formaste y cómo enriquecieron tu vida independiente.

1. ¿Cómo mantuviste contacto con viejos amigos mientras hacías nuevos?

2. ¿Cuándo encontraste a tu grupo cercano de amigos?

3. ¿Qué actividades sociales te ayudaron a construir amistades duraderas?

Habilidades de Vida

Vivir de manera independiente implica desarrollar habilidades prácticas para navegar la vida diaria. ¿Qué nuevas habilidades tuviste que aprender? Reflexiona sobre las tareas y los conocimientos que vinieron con la independencia adulta.

1. ¿Qué habilidades básicas de adulto te costaron más tiempo dominar?

2. ¿Cómo aprendiste a resolver problemas de mantenimiento en el hogar?

3. ¿Qué habilidades de vida resultaron más valiosas con el tiempo?

Historias de Carretera

Cada carretera guarda una historia, cada viaje una lección. Con las llaves en la mano y libertad en el tanque, el camino abierto se convierte en un maestro de independencia y aventura.

1. ¿Qué experiencias memorables tuviste con tu primer auto?

2. ¿Cómo planeaste tu primer gran viaje por carretera?

3. ¿Qué momentos de tus viajes se convirtieron en historias legendarias?

Tomando Riesgos

El mayor crecimiento de la vida a menudo se encuentra más allá de nuestra zona de confort. Cada salto de fe, cada elección audaz y cada aventura aceptada o rechazada da forma a nuestro camino.

1. ¿Qué te motivó a salir de tu zona de confort?

2. ¿Cuándo tomar un gran riesgo realmente valió la pena?

3. ¿Qué decisiones audaces moldearon tu camino hacia el futuro?

Volviendo a Casa

La independencia cambia la forma en que nos relacionamos con nuestras raíces. ¿Cómo evolucionó tu relación con la familia? Reflexiona sobre cómo cambió tu perspectiva sobre el hogar y la familia mientras construías tu propia vida.

1. ¿Qué cambios notaste al visitar tu hogar de la infancia?

2. ¿Cómo evolucionó tu relación con tu familia durante este tiempo?

3. ¿Qué tradiciones familiares cobraron un nuevo significado para ti?

4

Conociendo a Mamá

¿Cómo se conocieron tú y mamá? Siempre hemos tenido curiosidad por ese momento mágico cuando comenzó la historia de amor de nuestra familia.

Primer Encuentro

La vida puede cambiar en un instante cuando conocemos a alguien especial. ¿Cuáles fueron las circunstancias en las que conociste a mamá por primera vez? Piensa en ese encuentro y en los detalles que han permanecido contigo a lo largo de los años.

1. ¿Qué estabas haciendo cuando te cruzaste con mamá por primera vez?

2. ¿Cuándo te diste cuenta de que ese encuentro podría ser significativo?

3. ¿Qué detalles de ese primer encuentro han quedado grabados en tu memoria?

Conexión Inicial

El comienzo de una relación tiene su propio ritmo. ¿Cómo comenzó a desarrollarse tu relación con mamá? Reflexiona sobre esas primeras citas e interacciones que sentaron las bases de su futuro juntos.

1. ¿Qué te llevó a invitar a mamá a salir en esa primera cita?

2. ¿Cómo planeaste esas primeras experiencias juntos?

3. ¿Cuándo pasaron de salir casualmente a algo más constante?

Enamorarse de Verdad

Algunas conexiones crecen de manera natural hasta convertirse en algo profundo. ¿Cuándo te diste cuenta de que tu relación con mamá se estaba volviendo seria? Piensa en las experiencias y los momentos que fortalecieron su vínculo.

1. ¿Qué actividades o intereses los acercaron más?

2. ¿Cómo pasaban el tiempo conociéndose mejor?

3. ¿Cuándo comenzaron a compartir sueños para el futuro?

Conociendo a los Padres

Cuando los corazones se conectan, los círculos familiares se expanden, trayendo nuevas dinámicas, tradiciones y relaciones que aprender a navegar. Estos primeros encuentros escriben los capítulos iniciales de la historia familiar.

1. ¿Qué preparativos hiciste antes de conocer a su familia?

2. ¿Cómo fue realmente la primera cena con sus padres?

3. ¿Qué miembro de su familia fue el más difícil de conquistar?

La Propuesta Perfecta

Pedirle a alguien que comparta su vida contigo es emocionante y lleno de nervios. ¿Cómo decidiste proponerle matrimonio a mamá? Reflexiona sobre la planificación y los detalles que formaron parte de este momento tan significativo.

1. ¿Cómo supiste que era el momento adecuado para proponerle matrimonio?

2. ¿Cómo lograste mantener la sorpresa en secreto?

3. ¿Qué elementos incluiste para planear la propuesta perfecta?

Planes de Boda

Planear una boda implica innumerables decisiones y compromisos. ¿Cómo fue tu experiencia durante el periodo de compromiso? Piensa en tu participación en los preparativos de la boda.

1. ¿Qué aspectos de la planificación de la boda asumiste como tu responsabilidad?

2. ¿Cuándo se volvieron más desafiantes los preparativos?

3. ¿Hubo momentos divertidos o inesperados durante el proceso de organización?

El Día de la Boda

Una boda celebra el inicio de un viaje compartido. ¿Qué recuerdas del día en que se casaron? Piensa en los acontecimientos inesperados que hicieron que su día de boda fuera memorable.

1. ¿Qué situaciones inesperadas surgieron durante el día de la boda?

2. ¿Cómo se desarrolló la ceremonia en comparación con lo que habían planeado?

3. ¿Qué momentos de la boda se convirtieron en tus historias favoritas?

Historias de Luna de Miel

El primer viaje como pareja casada crea recuerdos especiales. ¿Dónde comenzó su nueva vida juntos? Recuerda el destino, las experiencias y los momentos significativos de esta celebración de su nuevo estatus.

1. ¿A dónde fueron de luna de miel?

2. ¿Cuál fue su comida o platillo favorito durante la luna de miel?

3. ¿Qué experiencia se convirtió en el recuerdo más especial?

Primer Hogar

Establecer su primer espacio compartido implica fusionar dos vidas. ¿Cómo construyeron su primer hogar juntos? Piensa en los aspectos prácticos y emocionales de crear un lugar que reflejara a ambos.

1. ¿Dónde estaba su primer hogar y cómo lo eligieron?

2. ¿Cómo fue el proceso de mudanza? ¿Pasó algo divertido o inesperado?

3. ¿Qué hicieron para que su primer hogar se sintiera cómodo y personal?

Creciendo Juntos

El matrimonio temprano es como aprender a bailar: a veces pisándose los pies, a veces en perfecta sincronía. Cada día trae nuevas lecciones en el arte de convertirse en verdaderos compañeros de vida.

1. ¿Qué cosas nuevas aprendieron el uno del otro después de casarse?

2. ¿Cómo establecieron sus rutinas diarias como pareja?

3. ¿Cuándo enfrentaron su primer gran desafío juntos?

Construyendo el Futuro

Las parejas nuevas a menudo sueñan con lo que les depara el futuro. ¿Qué planes y esperanzas compartieron en esos primeros días? Reflexiona sobre las decisiones que ayudaron a dar forma a su camino juntos.

1. ¿Qué metas importantes se plantearon juntos al principio del matrimonio?

2. ¿Cuál fue la primera cosa para la que ahorraron como pareja?

3. ¿Cómo lograron alinear sus diferentes visiones para el futuro?

5

Convertirse en Papá

¿Cómo fue cuando te convertiste en nuestro papá por primera vez? Queremos saber cómo te sentiste al sostenernos por primera vez y cómo cambiamos tu mundo para siempre.

La Noticia

Enterarte de que vas a ser papá cambia todo en un instante. ¿Cuál fue tu reacción cuando supiste que un bebé venía en camino? Piensa en ese momento que cambió tu vida y en las emociones que acompañaron esta nueva realidad.

1. ¿Qué estabas haciendo cuando recibiste la noticia?

2. ¿Cómo empezaste a prepararte para la llegada del bebé?

3. ¿Cuándo les contaste a la familia y a los amigos?

La Historia del Nacimiento

La llegada de un hijo es uno de los momentos más profundos de la vida. ¿Cómo fue cuando nació tu hijo? Recuerda los acontecimientos, emociones e impresiones de ese día tan especial.

1. ¿Qué pasó el día del parto?

2. ¿Cuándo sostuviste a tu hijo por primera vez?

3. ¿Qué momentos del nacimiento se quedaron más grabados en tu memoria?

Los Primeros Logros del Bebé

Ver a un hijo desarrollarse trae innumerables momentos de asombro y orgullo. ¿Qué primeros logros se destacan en tu memoria? Piensa en esos momentos «primeros» y cómo te impactaron como papá primerizo.

1. ¿Qué cambios en el desarrollo te sorprendieron?

2. ¿Cómo registraste momentos especiales?

3. ¿Qué hitos del bebé fueron los más emocionantes para ti?

Una Familia en Crecimiento

Cada hijo trae nuevas dinámicas a la vida familiar. ¿Cómo creció y cambió tu familia con el tiempo? Reflexiona sobre los ajustes, desafíos y alegrías que llegaron con cada nuevo miembro de la familia.

1. ¿Cómo te sentiste cuando supiste que ibas a tener otro hijo?

2. ¿Cuáles son algunos de tus recuerdos favoritos al ver a tus hijos crear lazos entre ellos?

3. ¿Qué desafíos enfrentaste mientras tu familia crecía?

Paternidad Diaria

Criar hijos implica innumerables responsabilidades cotidianas. ¿Cómo eran tus rutinas diarias como papá? Piensa en los aspectos prácticos de la crianza y cómo asumiste tu rol diario.

1. ¿Qué tareas diarias manejas?

2. ¿Cómo organizas las rutinas de cuidado infantil?

3. ¿Qué tareas de crianza se te dan de forma natural?

Curva de Aprendizaje

Nadie se convierte en un experto en paternidad de la noche a la mañana. ¿Cómo fue tu proceso de aprendizaje? Reflexiona sobre los desafíos que enfrentaste, los errores que te enseñaron lecciones y cómo creciste en tu rol como papá.

1. ¿Qué errores como papá te enseñaron más?

2. ¿Cuándo empezaste a sentirte seguro en tu papel?

3. ¿Qué habilidades tardaste más en dominar?

Un Hombre Transformado

Convertirse en papá a menudo cambia la perspectiva y las priori-
dades de una persona. ¿Cómo te transformó la paternidad? Piensa en
las maneras en que tener hijos cambió tu visión del mundo, tus hábi-
tos y tu sentido de identidad.

1. ¿Qué hábitos cambiaron después de convertirte en papá?

2. ¿Cómo cambiaron tus prioridades?

3. ¿Qué habilidades nuevas se desarrollaron de manera natural?

6

Creciendo Juntos

¿Puedes compartir con nosotros los momentos especiales de nuestra familia? Atesoramos esas aventuras cotidianas, tradiciones y recuerdos compartidos que nos han unido aún más.

Comienzos del Día

Las mañanas marcan el ritmo de la vida familiar con su propia dinámica. ¿Cómo comenzabas cada día? Piensa en las actividades matutinas regulares y cómo todos trabajaban juntos para empezar la jornada.

1. ¿Qué rutina matutina funciona mejor para la familia?

2. ¿Cuándo comienzan las actividades del día?

3. ¿Qué tradiciones a la hora del desayuno disfrutan todos?

Historias de Cena

Las cenas familiares crean un espacio para compartir y conectar. ¿Qué sucedía en torno a tu mesa durante la cena? Piensa en las conversaciones que surgían en estos encuentros diarios.

1. ¿Qué comidas reúnen a la familia?

2. ¿Cómo haces que la hora de la cena sea especial?

3. ¿Qué conversaciones durante la cena recuerdas con mayor claridad?

Diversión de Fin de Semana

Los fines de semana tienen sus propias reglas: el tiempo se detiene, los pijamas se quedan puestos más tiempo y los momentos ordinarios se convierten en recuerdos extraordinarios. Estos son los días en los que el tiempo en familia manda.

1. ¿Qué actividades planeas para los fines de semana?

2. ¿Cuándo organizas salidas familiares?

3. ¿Qué tradiciones de fin de semana duran más tiempo?

Magia de las Fiestas

Las festividades pintan el lienzo de nuestra familia con tradiciones heredadas y otras nuevas que hemos creado. En estos momentos festivos, los días ordinarios se transforman en recuerdos inolvidables que marcan nuestra historia juntos.

1. ¿Qué tradiciones festivas mantienes?

2. ¿Cómo te preparas para las celebraciones?

3. ¿Qué momentos festivos son los más memorables?

Viajes en Familia

Cada viaje familiar escribe su propia historia: los desvíos se convierten en aventuras, los contratiempos se transforman en recuerdos y los descubrimientos compartidos nos unen más en el camino de la vida.

1. ¿Qué hace que unas vacaciones familiares sean exitosas?

2. ¿Cómo manejas los desafíos al viajar?

3. ¿Qué viaje creó las mejores historias?

Hogar Dulce Hogar

Dentro de estas paredes, nuestra vida diaria se desarrolla en incontables pequeños momentos. Cada rincón guarda historias de risas, lágrimas, celebraciones y momentos tranquilos juntos que hacen de una casa un hogar.

1. ¿Qué reglas de la casa funcionan mejor?

2. ¿Cómo dividen las tareas del hogar?

3. ¿Qué áreas de tu hogar usan más?

Juegos Familiares

Los juegos y actividades recreativas revelan dinámicas familiares de maneras muy especiales. ¿Qué momentos de diversión compartió la familia? Reflexiona sobre el espíritu competitivo, las risas y los lazos que se fortalecieron al jugar juntos.

1. ¿Qué juegos disfrutan todos?

2. ¿Cómo haces que las noches de juegos sean especiales?

3. ¿Qué juegos generan más risas?

Familia Extendida

Como las ramas de un gran árbol, la familia extendida nos conecta con un mundo más amplio de amor, tradición y pertenencia. Estas reuniones escriben capítulos en la historia continua de nuestra familia.

1. ¿Qué reúne a la familia extendida?

2. ¿Cómo mantienes las conexiones familiares?

3. ¿A qué parientes ves más seguido?

Días Especiales

Cumpleaños, logros y celebraciones se convierten en los puntos de exclamación en la historia familiar. Estos días especiales nos recuerdan detenernos, celebrar y apreciar nuestro camino juntos.

1. ¿Cómo celebras los logros familiares?

2. ¿Cuándo creas ocasiones especiales?

3. ¿Qué tradiciones de cumpleaños se mantienen año tras año?

7

Trayectoria Profesional

Papá, ¿cómo ha sido tu vida laboral? Nos encantaría escuchar sobre los trabajos que has tenido y cómo has utilizado tus talentos a lo largo de tu carrera.

Primeros Pasos

Todos empiezan en algún lugar en su vida profesional. ¿Cuáles fueron tus primeras experiencias de trabajo? Piensa en esos primeros empleos y en cómo te introdujeron al mundo laboral.

1. ¿Cuál fue tu primer trabajo con salario?

2. ¿Cómo elegiste tu primer camino profesional?

3. ¿Cuándo comenzaste tu trayectoria laboral?

Camino Profesional

Las carreras suelen evolucionar con el tiempo a través de diferentes puestos y empresas. ¿Cómo se desarrolló tu vida laboral? Reflexiona sobre el progreso, los cambios y el crecimiento en tu carrera.

1. ¿Qué motivó los cambios importantes en tu carrera?

2. ¿Cuándo encontraste tu verdadera dirección profesional?

3. ¿Qué puesto tuvo el mayor impacto en moldear tu carrera?

Decisiones Difíciles

A lo largo de cualquier carrera surgen encrucijadas importantes. ¿Qué decisiones significativas marcaron tu camino profesional? Reflexiona sobre las elecciones difíciles que enfrentaste en tu vida laboral.

1. ¿Cómo manejas los conflictos en tu lugar de trabajo?

2. ¿Hubo un momento en el que elegiste la estabilidad en lugar de una nueva oportunidad?

3. ¿Qué desafío profesional fue el que más te puso a prueba?

Desarrollo de Habilidades

El crecimiento profesional requiere aprendizaje continuo y adaptación. ¿Cómo desarrollaste tu experiencia y conocimientos? Piensa en las habilidades que adquiriste durante tus años de trabajo.

1. ¿Qué habilidades resultaron ser las más valiosas para ti?

2. ¿Cómo te mantienes al día en tu campo profesional?

3. ¿Qué habilidad o certificación fue la más difícil de lograr?

Gestión del Tiempo

Los profesionales efectivos crean sistemas para manejar sus responsabilidades. ¿Qué estrategias te ayudaron a mantenerte organizado y eficiente? Piensa en los métodos que usaste para equilibrar tu carga de trabajo con lo que realmente importa.

1. ¿Qué herramientas te ayudan a organizar tu día a día?

2. ¿Cómo manejas múltiples plazos y responsabilidades?

3. ¿Qué técnicas para ahorrar tiempo te funcionan mejor?

Valores en el Trabajo

Los principios personales guían cómo abordamos nuestra labor. ¿Qué valores influyeron en tus decisiones profesionales? Reflexiona sobre los estándares, creencias e ideales que marcaron tu camino laboral.

1. ¿Qué estándares profesionales guían tu trabajo?

2. ¿Cómo mantienes la integridad en tu trabajo?

3. ¿Qué valores son los más importantes en tu área profesional?

Sabiduría Laboral

La experiencia brinda una perspectiva valiosa sobre la vida profesional. ¿Qué sabiduría aprendiste de tus años de trabajo? Piensa en las lecciones que adquiriste a través de tus vivencias laborales.

1. ¿Qué consejo les darías a quienes están comenzando su carrera?

2. ¿Cómo manejas la presión en el trabajo?

3. ¿Qué lección profesional fue la más difícil de aprender?

8

Proyectos de Pasión

¿Qué actividades te hacen más feliz fuera del trabajo, papá? Queremos saber sobre los pasatiempos e intereses que te han traído alegría y emoción a lo largo de los años.

Actividades Recreativas

Todos descubrimos actividades que nos alegran fuera del trabajo y la familia. ¿Qué pasatiempos se han vuelto partes importantes de tu vida? Piensa en los intereses que te han dado placer a lo largo de los años.

1. ¿Qué pasatiempo ha estado contigo por más tiempo?

2. ¿Cómo encuentras tiempo para tus intereses personales?

3. ¿Han cambiado mucho tus intereses en diferentes etapas de tu vida?

Expresión Creativa

La creatividad fluye de distintas maneras para cada uno de nosotros, ya sea a través de la pintura, las palabras, la música o muchas otras formas. Estas expresiones se convierten en el lenguaje de nuestro mundo interior.

1. ¿Qué proyectos creativos has completado?

2. ¿Cómo encuentras tiempo para tus proyectos?

3. ¿Qué herramientas o materiales utilizas más?

Estilo de Vida Activo

Las actividades físicas contribuyen tanto a la salud como al disfrute. ¿Qué deportes han sido parte de tu vida? Reflexiona sobre las maneras en que te has mantenido activo y los desafíos físicos que has enfrentado.

1. ¿Qué deportes o actividades practicas regularmente?

2. ¿Cómo mantienes tu rutina de ejercicio?

3. ¿De qué logros deportivos estás más orgulloso?

Rincón del Coleccionista

Reunir objetos con significado personal puede convertirse en una búsqueda muy especial. ¿Has coleccionado algo importante a lo largo de los años? Piensa en las colecciones que te han dado alegría.

1. ¿Qué objetos coleccionas y por qué?

2. ¿Cómo organizas tu colección?

3. ¿Hay algún objeto de tu colección que tenga una historia particularmente interesante?

Juegos Mentales

La estimulación mental llega de muchas formas, desde juegos hasta el aprendizaje continuo. ¿Qué actividades mantienen tu mente activa? Considera los rompecabezas, juegos o intereses intelectuales que han desafiado tu pensamiento.

1. ¿Qué desafíos mentales disfrutas más?

2. ¿Cómo mejoras tus habilidades para resolver problemas?

3. ¿Cuándo haces tiempo para aprender cosas nuevas?

Historias de Taller

Crear o reparar cosas ofrece una satisfacción especial. ¿Qué proyectos de construcción o reparación has realizado? Reflexiona sobre tus experiencias trabajando con herramientas y materiales para construir o arreglar cosas.

1. ¿Cómo aprendiste tus habilidades de bricolaje?

2. ¿Cuándo completaste tu primer proyecto importante?

3. ¿De qué proyecto o creación estás más orgulloso?

Disfrutando al Aire Libre

En la naturaleza encontramos tanto aventura como paz. Ya sea cuidando un jardín o explorando la naturaleza, estos momentos nos conectan con algo más grande que nosotros mismos.

1. ¿Qué actividades al aire libre disfrutas más?

2. ¿Cómo planificas tus aventuras en la naturaleza?

3. ¿Qué lugares naturales visitas con regularidad?

Lecturas Favoritas

Los libros abren puertas a diferentes mundos y perspectivas. ¿Qué papel ha jugado la lectura en tu vida? Piensa en los libros que han tenido un significado especial para ti a lo largo de los años.

1. ¿Qué libro despertó por primera vez tu interés por la lectura?

2. ¿Cómo eliges qué libro leer después?

3. ¿Hay algún libro que hayas leído una y otra vez?

Memorias de Películas

Las películas ofrecen entretenimiento y marcan diferentes capítulos de nuestra vida. ¿Qué películas han sido significativas para ti a lo largo de los años? Piensa en las historias y personajes que han dejado una impresión duradera.

1. ¿Qué películas recuerdas haber visto una y otra vez?

2. ¿Cómo descubriste tus géneros o directores favoritos?

3. ¿Cómo elegías las películas para las noches de cine en familia?

Mundo Digital

El mundo digital ha transformado cómo perseguimos nuestros intereses y conectamos con otros. ¿Cómo has interactuado con la tecnología como pasatiempo? Reflexiona sobre tus experiencias con herramientas digitales y proyectos relacionados con la tecnología.

1. ¿Qué proyectos tecnológicos te interesan?

2. ¿Cómo te mantienes al día con las tendencias digitales?

3. ¿Formas parte activa de alguna comunidad en línea?

Intereses Compartidos

Algunas pasiones se vuelven más fuertes cuando se comparten con otros. ¿Qué intereses has perseguido junto a amigos o grupos? Reflexiona sobre cómo las pasiones compartidas te han conectado con otras personas.

1. ¿En qué actividades grupales participas?

2. ¿Cómo conectas con otros a través de tus pasatiempos?

3. ¿Cuándo organizas actividades en grupo?

9

Sabiduría y Sueños

¿Qué lecciones de vida quieres compartir con nosotros, papá? Tenemos curiosidad tanto por tus deseos para nuestro futuro como por la importante sabiduría que has reunido en tu camino.

Brújula de Vida

Algunos principios son eternos, como los faros que guían a los barcos en medio de tormentas. Estos valores fundamentales se convierten en la base sobre la cual se construyen futuros valiosos.

1. ¿Cuáles son las tres reglas más importantes por las que te riges?

2. ¿Cómo tomas decisiones difíciles cuando enfrentas dos buenas opciones?

3. ¿Qué hábitos diarios te ayudan a mantenerte alineado con tus valores?

Receta del Éxito

El verdadero éxito tiene muchos ingredientes, mezclados en proporciones únicas para cada vida. Sin embargo, algunos elementos esenciales permanecen constantes, creando la base para una vida bien vivida.

1. ¿Qué pasos prácticos te llevaron a tus mayores logros?

2. ¿Cómo equilibras exitosamente los diferentes aspectos de la vida?

3. ¿Cuándo te diste cuenta de lo que el éxito significaba para ti?

Fortaleza Interior

El carácter, como un roble fuerte, se fortalece a través de las tormentas de la vida. Estos recursos internos se convierten en nuestra base cuando los apoyos externos tambalean.

1. ¿Qué prácticas diarias ayudan a desarrollar tu fortaleza mental?

2. ¿Cómo mantienes el enfoque en los momentos difíciles?

3. ¿Qué desafíos te han enseñado las lecciones más valiosas?

Pruebas de Confianza

La confianza, como el cristal fino, toma tiempo en construirse pero puede romperse en un instante. A través de experiencias de lealtad y traición, aprendemos el delicado arte de depositar fe en los demás.

1. ¿Qué señales te ayudan a evaluar la confiabilidad de alguien?

2. ¿Cómo verificas la fiabilidad de las personas en los negocios?

3. ¿Cuándo aprendiste a establecer límites con los demás?

Decisiones Difíciles

Las encrucijadas de la vida raramente vienen con señales claras. A través de decisiones complicadas, aprendemos a navegar el terreno complejo entre lo correcto y lo correcto, entre lo bueno y lo mejor.

1. ¿Qué método utilizas para tomar decisiones difíciles?

2. ¿Cómo equilibras los beneficios a corto plazo frente a los de largo plazo?

3. ¿Qué decisión difícil resultó ser la más beneficiosa después?

Sueños para el Futuro

Como estrellas que guían a los marineros a través de vastos océanos, nuestros sueños para quienes amamos iluminan el camino hacia adelante. Estas esperanzas que llevamos se convierten en las constelaciones con las que nuestra familia traza su rumbo.

1. ¿Qué metas específicas tienes para nuestra familia en los próximos 5-10 años?

2. ¿Cómo planeas ayudar a cada miembro de la familia a alcanzar sus sueños?

3. ¿Qué pasos prácticos estás dando hoy para construir el futuro de nuestra familia?

Más Historias por Coleccionar

Cada padre y abuelo guarda un tesoro de recuerdos esperando ser compartidos. Nuestros libros de recuerdos bellamente diseñados ayudan a capturar estas historias preciosas antes de que se pierdan con el tiempo.

Nuestra Serie de Historias Familiares

| Historia de Papá | Historia de Mamá | Historia de Abuelo | Historia de Abuela |

Disponible en:

• Amazon

• Principales librerías en línea

Regala un obsequio que se vuelve más valioso con el tiempo, porque la historia de cada miembro de la familia merece ser contada, compartida y atesorada.